이별의 강

이별의 강

초판 1쇄 인쇄 2016년 6월 5일
초판 1쇄 발행 2016년 6월 10일

지은이 조동진
펴낸이 金泰奉
펴낸곳 도서출판 띠앗
등 록 제4-414호

편 집 박창서, 김수정
마케팅 김명준
홍 보 김태일

주 소 (우05044) 서울시 광진구 아차산로 413(구의동 243-22)
전 화 (02)454-0492(代)
팩 스 (02)454-0493
이메일 dditat@ddiat.co.kr
홈페이지 www.ddiat.co.kr

ISBN 978-89-5854-107-3 (03810)

*책값은 표지에 표시되어 있습니다.
*잘못 만들어진 책은 구입하신 서점에서 친절하게 바꿔드립니다.

이별의 강

조동진 시집

도서출판 따앗

시인의 말

님이 떠나려 합니다
내가 미운 건지 싫은 건지
자꾸만 떠나려 합니다
제발 가지 마세요
내가 밉더라도 떠나지 말아요
가지 마세요
그곳은 당신이 갈 곳이 아니랍니다
그러니 가지 말아요
그 강은 함부로 건너서는
안 되는 곳이에요
제발 떠나지 마세요
그냥 그렇게
말없이 떠나지 말아요
난 어떡하라고
날 버리고 가려 하나요
사랑하는데
사랑했는데….

◦ 차례 ◦

시인의 말/ 5

1부 ※ 그리운 내 님

네 잎 클로버·1/ 12
님의 빈자리/ 14
할 수 있어/ 15
사별은 싫어요/ 16
후회/ 18
희생 요구/ 20
님의 사랑·1/ 22
내 님은 마운틴/ 24
고별/ 26
사별/ 27
회상/ 28
왜/ 30
님의 행복/ 31
단칸방/ 32
미지의 세계/ 34
모두들 그렇게/ 36
병아리/ 37
핸드폰/ 38
그리운 내 님/ 39
자책/ 40
네 잎 클로버·2/ 42
쉬이 잊혀질까/ 44

그리움에 갈증/ 45
목마름/ 46
6개월의 회한/ 47

2부 ※ 무언의 이별
주님께 드리는 기도/ 50
님의 철부지/ 52
염원/ 54
반칙/ 55
무언의 이별/ 56
꺾어진 사랑/ 58
철없는 녀석(철딱서니)/ 60
님의 사랑 · 2/ 62
준비/ 63
삶/ 64
날벼락/ 66
바보/ 68
님의 미소/ 69
설움/ 70
바지락/ 71
울보가 되다/ 72
방관자/ 74
실패한 제비뽑기/ 76

당신이 가는 곳에/ 78
님/ 79
외로움/ 80
고독/ 82
생명력/ 83
복숭아/ 84
때늦은 후회/ 86
님의 모습/ 87
물갈이/ 88
실과 바늘/ 90
소나무도 우네요/ 92
님에게 부치는 편지/ 94
잃어버린 사랑/ 96
함흥차사/ 98

3부 ※ 살아 있음을
님의 버릇/ 102
님의 빈자리/ 104
전설의 전당/ 106
왜 몰랐을까/ 109
무화과/ 110
무념/ 111
천사/ 112
마지막 선물/ 114

님의 일생/ 116
나의 천사/ 118
거짓말/ 120
님 생각/ 122
갚을 수 없는 님의 희생/ 124
푸록수 같은 내 님/ 126
작은 둥지/ 128
님아/ 130
그리움/ 132
어떻게/ 134
보필했지요/ 136
혼자/ 138
선장 잃은 배/ 140
미운 님/ 142
인사/ 143
사라져가는 향수/ 144
고들빼기/ 145
36년 긴 세월/ 146
진주/ 148
우리는/ 150
님의 사랑·3/ 152
깨어진 약속/ 154
안타까움/ 156
야속한 사람/ 158
살아 있음을/ 159

1부

그리운 내 님

네 잎 클로버 · 1

오늘
네 잎 클로버를 찾았지
님이 쓰러진 뒤
벌써 두 번째로
희망과 기적의
네 잎 클로버가 되길 빌며
내 님에게
기적이 오길 빌며
희망을 안고 님에게 갔지
전설처럼 기적이 오길 빌며…
그렇게 찾기 힘든
네 잎 클로버를 하나도 아닌
둘씩이나 찾았는데
틀림없이
기적이 있으리라

주님!
사랑하는 주님
내 님에게

기적을 보내주세요
당신만 믿고 의지하며
따르던 내 님에게
기적을 보내주세요

사랑하는 주님
당신을
영원히 사랑할 수 있도록

님의 빈자리

가는 곳마다 보이는 건
님이 계신 빈자리뿐
먼 산을 보아도
먼 하늘을 보아도
보이는 것은
장난기 어린 님의 모습
미친 듯이
산과 들을 헤매여도
미친 듯 거리를 쏘다녀도
메워지지 않는 빈자리는
오직 님의 빈자리뿐
사랑했기에
더욱더 큰 님의 빈자리

할 수 있어

기적
그래 우리
기적을 만들어보자
물론 힘들겠지
하지만
해보지도 않고
포기할 수는 없잖아
해보자 명수야
한번 해보는 거야
당신은 할 수 있어
기운 내서 노력해 봐

주님
사랑하는 주님
우리 명수에게
은혜를 베푸시어
기적을 내려주시옵소서
기적을…

사별은 싫어요

어느 날 갑자기
님이 내 곁을
떠나려 합니다
아무런
말 한 마디 없이 말입니다
울며 몸부림치며 애원해도
님은 자꾸만
떠나려 합니다
어느 날은 희망을 주는 듯
또 어느 날은
야멸차게 떠나려 합니다
해서 이 무거운 마음은
흐느껴 울고 있습니다
백년해로할 줄 알았는데
이렇게 허무하게
이별을 고하려고 합니다
하기에
님이 밉습니다
님이 너무 야속합니다

님아!
가던 길 멈추고
돌아서주면 안 될까요
나를 위해서…

후회

님아
님이 계실 때엔
님의 존재를 몰랐고
아무런 아쉬움도
불편함도 몰랐지
이제
님이 떠나고 있는 이즈음에야
나는
님의 존재를 알게 되었고
님의 빈자리가
너무도 크고 방대하다는 것을
이제서야
뼈저리게 느끼고 있다
아마도 나는
엄청난 바보였나 보다
이토록
아무것도
느끼지 못할 만큼
님은 나를 보살피며

가꾸어 왔는데
나는 왜
그걸 몰랐을까요
님아 못난
나를 용서하시고
돌아와 주면 안 될까
돌아와 준다면
이제는 내가
님을 보살펴줄게요

희생 요구

소나무 등걸 너머로
해가 지고 있다
지는 해 저 해는
아침이면 또다시
떠오르건만
새로운 빛을 뿌리건만
지는 해 따라 떠난 님은
왜 다시 오지 못하실까
님아
가는 길 멈추고 되돌아서렴
님이 가시고자 하는 그 길은
가시면 안 되는 길이요
건너시면 안 되는
이별의 강인 것을
왜 모르시나요
제발
애태우지 마시고
돌아서주면 안 될까요
다시 돌아와요 내게로

한 마디 말도 없이
그렇게 떠나시면 안 돼요
제발 돌아와 줘요
제발…

님의 사랑 · 1

님아
님이 늘 거기 있을 때는
님의 존재를 몰랐는데
어느 날부터인가
내 곁에 님은 없구려
님이 있어
부족함이 없고
님이 있어
아쉬움을 몰랐는데
이제서야
님의 존재를 깨달았지요
님이 있기에
무엇을 하든 행복했고
님이 있기에
무엇이든 빛이 났음을
왜 이제서야 알게 되었을까요
사소한 것 하나까지에도
님의 손길이 있었음을
이제서야 깨달았고

헤픈 농담 속에서도
님의 사랑이 배어 있었음을
왜 이제서야
깨닫게 되었을까요
님아
내 생애 모든 것에
님의 사랑이 녹아 있었음을
나 이제서야 깨닫고
회한의 눈물을 쏟습니다
당신을 그리워하면서

내 님은 마운틴

아웅다웅
다툼도 많았다
티격태격
싸움도 많이 했다
어느 땐가는
님이 죽기를 바란 적도 있다
귀신은 뭐 하나 몰라
왜 안 잡아가
라며 그렇게 아귀처럼 싸우기도 했다
그런데 지금
그 님이 떠나려고 하는 지금
내 주위에는
온통 님의 흔적뿐이며
님의 빈자리만
덩그렇게 자리잡고 있다
님 없는 모든 것에
의미가 없어지고
아무짝에도 쓸모없는
폐품으로 허무함으로

저만큼에서 나뒹굴고 있다
님이 내게
이렇게나 큰 산이었을 줄이야
나 미처 생각조차 못했다
이제 님이 떠나려 하는
이제서야 알게 되는 걸까
님이 가시려고 하는
지금에서야 말이다
사랑했다며 님을 사랑한다면서
왜 님의 사랑은 몰랐을까요

고별

님은 갔습니다
끝내 내 곁을 떠나셨습니다
북받쳐 오르는 슬픔을 참으며
이별 준비를 했습니다
어설프게 웃고 있는
님의 영정을 보면서
속으로는 또 울고 있습니다
잘 가시라고 좋은 곳으로 가시라고
빌면서 빌면서 말입니다
차가워진
님의 시신을 부여안고
그토록 울고 또 울었건만
꿈만 같고 거짓말 같습니다
정말 내 님이 가셨는지
믿기지 않습니다

그저 울며 행복을 빌 뿐입니다

사별

밤새워 술을 마셔도
취하지도 않는군요
생각하고 또 생각해 봐도
도저히 알 수가 없는 사별
이 아픔을
어떻게 달랠 수 있나요
울음에 지친 딸을 보면
안쓰럽기만 합니다
그런 딸을 달래시는
사돈댁 부부에게
깊은 감사를 드렸답니다
속으로만 속으로만 말입니다
사별이란 것이
이렇게 힘든 것일 줄이야
다시는 볼 수 없는 님에 대한 아픔을
이제 어떻게 해야 할까요
벌써 보고 싶은데

회상

아주 느린 걸음으로 산길을 간다
이 길을 때로는 속삭이면서
때로는 웃음꽃을 퍼뜨리면서
그렇게 활기차게 걷던 길
이 길은 님과 함께 걷던 길이다
하기에 오늘은 많이 외롭고
하기에 오늘은 많이 슬프다
언제나 함께하던 님이 떠나셨기에
어디선가 뻐꾹새가 구슬피 운다
마치 날 위로라도 하는 듯…
비둘기도 울고 꾀꼬리도 운다
하기에 오늘은 더욱 외롭고
하기에 오늘은 더욱 슬프다
저 멀리 나목 사이로
지는 해 기웃거린다
많이 낯설은 듯 그렇게 기웃거린다
그래 나도 네가 낯설다
그러나 님과 함께 거닐 때엔
전혀 낯설지 않았거든

그리운 님이
내 곁에 있을 땐 말이다
그래요 님아
잘 가요
그리고 행복해야 해요
나 정말 님을 사랑했어요
고운 님
내 님을…

왜

예나 다름없는
출근길이건만
내 마음 한구석이
텅 비어 있다
아니 온통 허무함뿐이다
누구를 위해
무엇 때문에 출근하는 것인지
나는 잘 모르겠다
어딜 가든 모든 것이 다
그대로 제자리를 지키고 있는데
오직 내 곁에 있어야 할
당신만이 내 곁에 없구려
야속한 사람
도대체 어디로 가셨는가
날 이곳에 홀로 두고 어디로 가셨는가
왜 혼자서 만이 그 길을 택하셨는가
왜 왜…

님의 행복

님아
님이 계신 그곳
아스라이 먼 곳
아니 그보다 더 먼 곳이려나
그곳은 얼마나 따사롭고
행복한 곳인가요
오곡백화가 만발하고
웃음꽃이 돋아나는 곳인가요
그래요
정녕 그런 곳이라면 참 좋겠네요
그래서 내 님이
정말 행복했으면 좋겠어요
안개꽃처럼 잔잔하면서도
결코 초라하지 않은 그런 행복 말입니다
님을 위해 꿈속에서도
님의 행복을 빌게요
꿈속에서는 님을 꼬옥 보듬고
님의 행복을 빌 겁니다

단칸방

마치 역마살이라도 낀 것처럼
산과 들을 갯벌을
너무도 좋아했던 님이
그토록 넓고 밝은 곳을 좋아하던 님이
조그마한 항아리 그 속에
또아리를 틀고 보금자리 잡은 님이
얼마나 쓸쓸하고 외로울까요
얼마나 답답하고 숨이 막힐까요

그걸 알면서도
구원의 손길조차 내밀 수 없는
이 내 심정 또한 숨 막히고 답답하네요
님을 위해서 아무것도 해줄 수 없는
내가 너무 한심스러워
그저 하염없이 눈물만
흘릴 뿐이네요
하염없이 그렇게 말입니다
님아
보고 싶은 님아

나의 무능함을 용서하시고
햇살처럼 맑고 밝은 행복 찾으세요
안개꽃처럼 청초하면서도
결코 화려하지 않은
그러면서도 우아함이 돋보이는
그런 행복을 찾으세요

미지의 세계

님이
아주
먼 길을 떠났습니다
아주보다 더
아스라이 먼 곳으로 말입니다
미리내처럼
잔잔한 강을 건너
은하수 저 너머로 말입니다
그곳에는
대체 무엇이 있길래
그곳에는 어떤
아름다운 꿈이 있길래
그렇게 먼 길을
떠나셨는지 나는 모른답니다
아니 그 누구도
모르는 것 같습니다
하기에
마음속으로 마음속으로만
빌며

기원하고 있습니다
아름다운 행복이
늘 함께하며
우리 님을 품어 달라고 말입니다
따뜻하고
따사롭게 말입니다

모두들 그렇게

마주칠 때마다
기운 내라고
모두들 그렇게 말한다
잊으라고
그리고 참으라고
모두들 그렇게 말한다
참고 사노라면
자연히 잊혀지는 거라고
모두들 그렇게 말한다
그러나
쉽지는 않을 거라고
모두들 그렇게 말한다
하지만 아닌 것 같다
모두들 그렇게 말하지만
그저 하기 좋은 말로 그렇게
모두들 그렇게 말하는 것 같다

병아리

눈물을 삼키려
하늘을 보니
나는 허약한 병아리
눈물을 감추려고
먼 산을 보니
나는 가냘픈 병아리
모든 것을 잊으려
모든 것을 참으려
하늘을 보니
나는 빈약한 병아리
부드럽고 솜털 같던
님을 찾는 나는 병아리
따사하고 가녀린
그러면서도 강인했던
님을 찾아 먼 산을 보니
나는 슬픈
엄마 잃은 병아리

핸드폰

핸드폰 속의
님의 얼굴은
열 때마다 웃고 있는데
왜 내 가슴은
이렇게 허전할까요
핸드폰 속의
님의 얼굴은
언제나 똑같이 웃고 있는데
왜 내 가슴은
이렇게 쓸쓸할까요
핸드폰 속의
님의 얼굴은
언제 봐도 활짝 웃고 있는데
왜 나는
따라 웃지 못할까요
볼 때마다
보고 싶고
또 생각남은
왜일까요

그리운 내 님

언제나 돌아오는
보금자리이건만
날 반겨주던 내 님은 어디 가고
낙엽만 뒹굴고 있나
언제나 반갑게 맞아주던
내 님은 어디 가고
낙엽만 뒹굴고 있는가
텅 빈 내 집
내 보금자리에
내 님의 체취는 어디로 가고
낙엽만 뒹굴고 있는가
내 님이 보고 싶고
내 님이 그리운데
내 님은 어디 가고
낙엽만 뒹굴고 있는가

자책

님을 사랑한다며
정말 사랑했다며
그런데 왜
사랑하는 사람을 지키지 못했지
사기꾼
그건 사랑이 아니야
사랑한 척하는 거지
진정 사랑했다면
좀 더 신경 써서 보살폈어야지
설마 설마 괜찮겠지 하면서
넌 수수방관했어
넌 배신자야
더럽고 추악한 배신자
너 스스로
님을 보내버린 거지
아니 등을 떠다 밀은 거야
어서 가라고
나쁜 놈 그러고도
슬픈 척 눈물을 흘려

위선자
그렇게 떠밀 듯 보내놓고
이제 와서 후회하며 보고 싶어 해
넌 나쁜 놈이야
정말 나쁜 놈이야
도저히 용서받지 못할 놈이지
어설픈 놈 혼자 한번 살아봐
이 나쁜 놈아
님이 이렇게 말하는 것 같아요

네 잎 클로버 · 2

네 잎 클로버
너는 사기꾼
이루지 못할
꿈을 꾸게 하니
너는 얄미운 사기꾼

네 잎 클로버
너는 사기꾼
이룰 수 없는
소원을 빌게 하니
너는 정말 얄미운 사기꾼

네 잎 클로버
너는 사기꾼
보이지 않는
희망을 안겨주며
이루어지지 않는
꿈을 꾸게 하니
너는 아주

얄미운 사기꾼

그러나
너로 인해 잠시라도
희망을 그리며
소원을 빌었으며
꿈을 꿀 수 있었지

쉬이 잊혀질까

님아
님이 떠나신 지
채 열흘도 안 됐는데
버얼써 모든 것을 잊은 듯
아이들은
맛집을 찾아 헤매고 있다네
마치 굶주린 하이에나처럼
하지만 아이들은
이렇게 말하고 있지
나를 달래주기 위함이라고
그러니 되도록
빨리 님을 잊으라고 말이오
글쎄 그렇게
쉬이 잊혀질까
좋아했는데
정말 좋아했는데 말이오

그리움에 갈증

님이 떠나셨습니다
끝없이 머나먼 길을
내 님이 택했습니다
다시는 돌아올 수 없다는 것을
아는지 모르는지
내 님이 떠나셨습니다
수많은 추억과
그리움만 남겨놓은 채
정녕 그렇게 가시려면
미련도 가져가시지
두고 가신 미련 때문에
나는 이 밤도 울고 있습니다
취한 채 술이 가득 취한 채로
추억의 목마름에 그리움에 갈증을
참을 수 없어 나는 이 밤도 울고 있습니다
취한 채로 술이 가득 취한 채로 말입니다

목마름

내가 심은 채소에 물을 준다
이제 못 먹을 것을 알면서도
상추에도 배추에도 옥수수에도
듬뿍듬뿍 물을 준다
내가 뿌린 씨앗의 결실을 위해
그러나
내 님은 그렇지 않은가 보다
님이 심은 추억은 메말라가고
님이 뿌린 그리움은 조금씩 조금씩
시들어가고 있는데
연민도 추억도 그리움도
모두 다 메말라가는데
나는 어쩌라고 이렇게 외면한 채
머나먼 길을 떠나버리셨을까
나의 목마름과 나의 갈증은
어찌하라고

6개월의 회한

씨 채널에서 문자가 왔다
6개월이 지났으니 시력검사를 받으라고
그래
6개월 전 님이 안경을 맞추던 날
외식도 하고 즐거운 데이트도 했지
온갖 수다를 떨며 그렇게 즐거운…
그때엔 님이 이렇게 훌쩍 떠나버릴지
꿈에도 생각 못 했지 꿈에도
그 6개월 후 나는 외톨이가 되었네
하기에
바람결에 나뭇잎이 흔들려도
님인가 하여 흘끔거리고
시름에 잠기게 됨은
님이 내 곁을 떠났기 때문이지
가신 님이 너무도 그립기 때문이지
너무도 보고 싶기 때문이지
너무도

2부

무언의 이별

주님께 드리는 기도

주님
사랑하는 주님
연약하고 보잘것없는
우리 님 고운 님
부디 좋은 곳으로 보내주세요
그곳에서는 아프지 않고
건강하게 살게 하시고
행복한 나날 되게 하여 주세요
보잘것없는 사람이나
그 사람
오직 주님만 믿고
의지하며 살았답니다
주님을 사랑하며
주님의 뜻을 따라 살았습니다
하오니
부디 행복이 넘쳐나고
웃음꽃이 난무하는
주님 동산에 넣어주세요
주님만이 하실 수 있는 일입니다

오로지 주님만 믿고 의지하며
한평생을 살았습니다
바라옵고 원하오니
주님 생전에 지은 죄를 용서하시고
우리 님 고운 님
영생을 누리도록 도와주소서
간절히 바라옵고 원하오니
주님 우리 님 연옥에서 구해 주소서
사랑하는 우리 주 예수 그리스도의 이름 받들어
간구 기도 드리옵니다
아멘

님의 철부지

사랑은 했는데
사랑이 무언지 몰랐고
님의 존재가치를 몰랐지요
그만큼 님은 내게
너무도 편안한 존재였으며
너무도 자연스럽고
너무도 평온한 님이었기에
으레 다 그런 줄만 알았지요
모두 다 그렇게
따뜻한 것으로만 알았지요
그러다가 뒤늦게
님이 떠나시고 난 뒤에야
모든 걸 알고 몸부림쳐 울지만
이미 때가 너무 늦어버렸네요
이제 어떻게 하죠
여보 미안해요
난 왜 이렇게 철이 없었을까요
왜 이제서야
님의 거룩한 사랑을

알게 되었을까요
님이 떠나신 지금에서야
나 정말 님을 좋아했는데
왜 이제서야
님을 알게 된 걸까요
여보 미안해 그리고 사랑했어요

염원

명수야
부디 좋은 곳으로 가렴
주님께서 자넬 인도해 주실 거야
근심 걱정 없고 행복이 넘쳐나는
그곳은 아마도
주님의 꽃동산일 거야
그곳 꿈동산 주님의 동산에서
마음껏 나래 치며 날으렴
주님 사랑 듬뿍 받으면서
건강하고 행복하게 말이야
많은 사랑받으면서 영생을 누리렴
영생을

반칙

그 어떤
준비도 없는데
그렇게 너무도
갑자기 떠나버린
당신은 반칙을 한 거야
우리 서로 배신하지 말자고
룰을 정했었는데
아무런 예고도 없이
아스라이 먼 곳으로 가버렸기에
당신은 반칙을 한 거야
나는 어떡하라고
하지만 그래도
나는 당신을 좋아해
정녕 당신을 사랑했어
당신을

무언의 이별

이제는 한 줌의
재가 되어버린 님아
이 불쌍하고 딱한 사람아
그렇게 급히 가야만 했던가
아무리 빈손 들고 가는 길이라지만
노잣돈도 없이 그렇게
아무것도 없이 급하게 가야만 했던가
야속하고 무정한 사람아
불쌍하고 가여운 사람아
어차피 언젠가 한번은
가는 길이라고 하지만
그래도 그렇게 떠나는 것은 아닐세
무어라 말 한마디쯤은 했어야지
그러세
어차피 떠나신 길이라면
근심 걱정 없고
아픔이 없는 곳
행복이 넘쳐나며
웃음꽃이 돋아나는

좋은 곳으로 가시게나
그곳은 틀림없이 님이 그리던
꿈동산 주님의 동산일 거야
가셔서 주님 사랑받으며
행복하시게나
꼭 행복하시게나

꺾어진 사랑

날고 싶다
그러나 나는
날개 꺾인 나비가 되었다
내 님이 먼 길을 떠났기에
나는 날개를 잃었다
우리는
산과 들을 갯벌을
종횡무진 훨훨 날았는데
재잘 재잘 깔깔 거리면서
그러나 내 님이 떠나심에
먼 길을 떠나심에
나는 날개를 잃었다
하기에
풀밭에 떨어진 나비는
꺾인 날개를 퍼덕이면서
님을 찾아 그리움에 젖어
꿈틀거려 본다
마음은 날개를 펼쳐
훨훨 창공을 날고 싶은데

님이 떠나버린 지금
나는 날개를 잃었다
하기에
날지 못하는 나비는
그렇게 슬픈 추억에 젖어든다
님을 그리며
님의 향기를 그리워하며
꺾인 날개를 퍼덕인다

철없는 녀석(철딱서니)

나 젊어서는
내 님이 귀한 줄 전혀 몰랐네
나 철들 무렵에도
내 님의 존재를 전혀 몰랐네
이제 내 님이 떠나신 후에야
내 님 아쉬워 눈물 흘리며
목메어 외쳐보네
돌아오라고

님아
님이 계실 때는
님이 얼마나 귀한 사람인지
나 전혀 몰랐네
님 떠난 이제서야
님이 나였고
내가 님이었음을 알았네
이제서야 님이
나의 전부였음을 알았네
나 너무도 보잘것없는

철부지였음을
이제서야 알았네

님아
이런 철부지
철딱서니를 거두어주고
사랑으로 감싸주셨음을
이제서야 알고
머리 숙여 감사를 드리오
고맙소 정녕 고맙소
그곳에서는
부디 행복하시게나

님의 사랑 · 2

님이 만들어놓은
밑반찬을 안주삼아
오늘도 한잔 술로
님을 잃은 슬픔을 이기려 하네
점점 사라져가는
이 밑반찬들이
내 가슴을 먹먹하게 하네
님이 날 위해 해둔 모든 것들이
이렇게 하나둘
모두 제 갈 길로 가버리는데
시나브로 사라지고 있기에
님의 체취 또한 사라지고 있다
이제 나 어디서 님의 향수를 달래지
지난 사랑과 추억과 그리움을
어디서 찾을 수 있을까
님이 날 위해 베푼 그 사랑을
어디에서 찾을 수 있을까

준비

내가 얼마나 더 살까
물론 오래 살고 싶지도 않다
설혹 내일 죽는다 해도
결코 분하거나 두렵진 않아
두려운 건 마지막 가는 길
병마에 시달려 고통 속에 가는 것
마지막 길에 고통 받기 싫다
많은 사람이 원하듯
잠자듯 조용히 그렇게 가고 싶다
그것이 설혹 내일이 될지라도
하기에 미리 준비가 필요한 것 같다
언제가 될지 모를 마지막 길을 위해
그렇게 님을 향한 행보를 해야겠다
님을 조우하는 그날을 위해

삶

우리는 매일 밤
죽는 연습을 하며
내일을 꿈꾼다
혹자는 건강을 혹자는 출세를
혹자는 미래의 희망을
이렇게 우리는 각자 다른 내일을 위해
꿈을 꾸며 희망을 꾸려간다
내일은 또 어떻게
변화된 삶을 꾸려나갈지는
아무도 모른다
우리에게 내일이란
어쩌면 사치일 수도 있기 때문이다
우리 모두에게
내일이란 있을 수도
또는 없을 수도 있다
하기에 우리는
오늘에 충실하며
내 주위의 모든 것에 오늘을
분명 기억해야 할 것이다

누군가에겐 매 순간 순간이
중요한 추억의 장이 될 수 있기 때문이다
누군가에겐 영원히
잊을 수 없는 추억의 장이 말이다

날벼락

제부도에 가서
게도 잡고 낙지도 잡고
하자던 님이 아프다
사위 생일상을 차려주겠다며
그래서 딸과 함께
장을 보던 님이 아프다
하지만 한 밤 지새우고
주사 몇 대 맞으면 괜찮으리라던
그 님이
아무런 말도 없이 떠나가 버리셨다
너무도 어이없게
인사 한마디 없이
님은 그렇게 가버리셨다
어떻게 이럴 수가 있을까
그토록 대담하고
강인했던 내 님인데
그래서 더욱더 좋아했던
내 님이 이렇게
힘없이 가버리실 줄이야

나는 이제 어떡하라고
하룻밤만 자면 퇴원할 거라더니
그렇게 허무하게
떠나가실 줄이야
그렇게…

바보

당신을 떠나보내야 했음이
못내 아쉬워 그날의 일들을
자꾸만 되새김질한다
왜 그랬을까
왜 님의 옆을 지키지 못했을까
님은 마지막임을 아신 것 같은데
하기에
눈짓을 한 것 같은데
아니 분명 했는데
나는 전혀 눈치채지 못했네
쓸쓸했던 님의 표정이 전 같지 않았는데
그 무엇인가를 암시하려 했는데
분명히 했는데
바보 같은 나는 전혀 눈치채지 못했네
사랑하는 님이 가시는데
나는 한마디 작별인사도 못 했네
나는 눈치도 없는 바보였네
여보 미안해
정말 미안해

님의 미소

언제부터인가
내게 생긴 묘한 버릇
그냥 대책 없이
머언 산을
머언 하늘을
쉬임없이 바라다본다
무상무념인 듯
그러나 내 속의 나는
쉬임없이 바쁘다
님 그리워하는 중에도
만감이 교차하고 있다
시선이 가 닿는 곳이면
어디든지 그곳에는
장난기 어린 그녀가 있기에
눈이라도 마주치면
웃으면서 손짓하며
마치 날 오라는 듯 그렇게 웃는다
언제나 해맑은 미소를 띠우면서

설움

님을 잃은 슬픔이
이렇게 클 줄은
난 정말 몰랐다오
님을 그리는 그리움이
이렇게 클 줄은
난 정말 생각도 못했다오
당신 잊으려고 잊어버리려고
용기를 내어 웃어보지만
어쩌다 당신 얘기만 나와도
눈물이 먼저 앞을 가리니
이 일을 어떡하면 좋을까요
누군가가 당신 안부라도 물을 때면
왈칵 눈물이 먼저 쏟아지며
목이 메여 말을 잇지 못하니
이 일을 어떡하면 좋을까요
이런 내가 울보인가요

바지락

제부도 바닷가
갯벌에 쭈그리고 앉아
힘들게 바지락을 캐던 당신
불편한 몸으로 웅크리고 앉아
바지락을 캐며 힘들어 하던 당신
온몸으로 퍼지는 고통을 감내하며
바지락을 캐고는 그래도 좋아서
생글 생글 웃던 당신
많이 캤다며 우리 딸 우리 손주
바지락 칼국수를 끓여주겠노라며
생글 생글 웃으며 좋아하던 당신
그런 내 님은 어디 가고
텅 빈 바닷가에는
갈매기 떼만 구슬피 우네

울보가 되다

소나무 등걸 너머로
해는 지는데
떠나신 님 생각에
머언 하늘만 바라보고 있다
웃어야지 웃자 할수록
더욱더 생각나는 사람은 님
걸려온 처남의 전화에도
역시 터져버리는 눈물보
내가 어쩌다 이렇게
울보가 되었는지 나도 모르겠다
님의 모습만 떠올리면
내 님 이야기만 나와도
어김없이 울음보가 터진다
님이 보고 싶어서
정말 너무 보고 싶어서다
우리 젊어서는
티격태격
싸움도 잦았는데
그때는 왜 그랬을까

지금은 이토록 보고 싶고
그리운 사람인데 말이다
여보
정말로 당신 보고 싶어
미치도록
미치도록 말이야

방관자

한 포기
화초를 심어도
혹여 잘못되지 않을까
공을 들여 어루만지며
꽃이 만개하고
씨를 거둘 때까지 돌보거늘
내 곁에 심어진 내 님에게는
왜 공을 들이지 못하고
수수방관했을까
천수를 누릴 수 있도록
물도 주고 가꾸어주며
사랑을 쏟고 또 쏟아도
부족함이 많은데
왜 내 님에게
정성을 쏟아부어
돌보지 못했을까
병든 화초가 메말라 죽듯이
내 님이 시름시름
삶을 잃어갈 때에

나는 왜 공들여
지켜내지 못했을까
노심초사하며
매달려도 시원치 않은데
그 님이 떠나시도록
난 무얼 했단 말인가
님을 위해 한 것이
아무것도 아무것도 없네
내 님은 날 위해
모든 것 다 바쳐 희생했는데
난 아무것도 한 것이 없네
그저 방관한 것밖에는

실패한 제비뽑기

불쌍한 내 님은
신랑 하나 잘못 고른 죄로
호강 한번 못 해본 사람
맛있는 것 하나 못 먹어보고
좋은 옷 한 벌 못 걸쳐보고
그렇게 초라하게 살다가
쓸쓸하게 떠나신 사람
박복한 그 사람이 너무도 가여워
때늦은 후회로 목메어 운다오
어쩌다
선택 한 번 잘못한 죄로
고생을 밥 먹듯이 한 사람
손끝에는 물 마를 길이 없고
허리 한 번 제대로 못 펴본 사람
머리가 희끗희끗 하도록
너무도 초라하게 살다가
쓸쓸하게 떠나가신 사람
너무도 가여운 삶이 안타까워
때늦은 그리움에 몸부림친다오

못난 놈
이놈도 서방이라고
있는 정성 없는 정성 들이다가
당신 몸 병드신 줄도 모르고
모든 것 다 바쳐 희생하다가
너무도 허무하게 무너져 내린
그래서 쓸쓸히 떠나가신 사람
그 사람이 너무도 측은하고 안타까워
때늦은 아쉬움에 몸부림친다오

당신이 가는 곳에

당신이 꽃이 된다면
나는 나비되어 날으리다
당신의 내음
당신의 체취를 찾아서
당신이 하늘이 된다면
나는 새가 되어 날으리다
드넓고 포근한 당신 품속을 찾아서
당신이 바다가 된다면
나는 망둥어가 되리다
우리가 즐겨 찾던 제부도 갯벌을 찾아서
당신이 하이얀 백설이 된다면
나는 수채화 물감이 되어
당신의 아름다움을 채색하리다
당신의 아름다움을 노래하리다
당신이 계신 곳이라면 어디든 쫓아가리다

님

올가을
망둥이 낚시철에는
나도 장화 신고 물속에 들어가
같이 낚시를 하겠노라던 님
저 멀리 수평선만 봐도
숨이 탁 트인다던 님
갯벌을 보면 뒹굴고 싶다던 님
언제나 갯벌 한 귀퉁이를
차지하고 앉아
꼬무락꼬무락 바지락을 캐던 님
우리는 제부도 바닷가에서
살아야 격이 맞는다던 님
그렇게 호기를 부리며 웃던 님
그 님은 어데 가셨나요
그토록 좋아하던
바닷가에는 왜 못 오시고
슬픈 갈매기만 울리나요

외로움

거리에 버려진
담배꽁초처럼
세상에 버려진 듯
내 옆에는 아무도 없다
오로지 날 위해
애써주고 보듬어주던
그 님이 가버린 지금
내 옆에는 아무도 없다
열기 오르는 아스팔트 위에 서서
머언 하늘 끝을 바라볼 뿐이다
바람 한 점 없이
후덥지근한 나무 밑에서
움직임 없는 나뭇잎만
하염없이
바라보고 있다
땅거미가 지고 있는 이 시각
내 옆에는
친구도 그 누구도 없다
그냥 뜨거운 아스팔트 위에서

홀로 외로움에 떨고 있다
하기에
이 밤 취하고 싶다
술에 찌들어
모든 것을 취하게 하고 싶다
추억도 그리움도 모두 다
취하게 하고 싶다

고독

그냥 아무 곳에나
주저앉고 싶다
모든 것이 다 싫고 힘들다
하기에
아무 곳에나
그렇게 주저앉고 싶다
지금에 난
어떤 무인도에 홀로 버려진 듯
그렇게 나는 외롭다
지금 내겐
누군가의 손길이 필요한데
그 누구라도 내 옆에 있어 준다면
이 막혀가는 숨통이 트일 것 같다
이 순간 나는
차라리 지구에 종말이 오길 바라고 있다
새벽부터 비가 나리는데
슬픔을 토하듯이 비가 나리고 있는데
나는 가고 싶다
님이 계신 그곳으로…

생명력

몸통이 잘려나간
배추 뿌리에서
새 생명이 돋아나
새로운 배추가 자라고 있다
이토록 질긴 것이 생명이거늘
왜 내 님은
그토록 힘없이 꺾이고 말았을까
애지중지하던 그 모든 것을 버리고
너무도 쉽게 무너져 내린
정녕 사랑스럽고
말괄량이처럼 개구지던
그러면서도 대차고
강인했던 내 님인데
어찌 그리 쉽게 무너져 내렸을까
잊으려 해도 잊을 수 없는
영원한 내 님이여
정녕 어디로 가셨나요

복숭아

여보게
지금 어디서 무얼 하시는가
대문 밖에는
자네가 그토록 좋아하던
복숭아가 제법 큼직하니
울긋불긋 맛있게 익어가고 있건만
그토록 맛있게 먹던
자네는 어딜 갔는지
자네 모습이 떠올라
하염없이 나무만 쳐다보고 있다오
당신 그리워하면서 말이오

새벽부터
비가 내리고 있다오
이 빗속에서
당신을 그리워하면서
당신이 좋아하던
복숭아나무만 올려다보고 있소
술에 취한 채 울면서 말이오

아름답고 먹음직스러운
저 복숭아는
이제 누가 따먹게 될까요
우리 님이 그토록
좋아하던 복숭아인데
이제는
저절로 떨어져 내려
저 할 일을 다 하겠지요

때늦은 후회

님의 잔소리에
난 주제넘게 싫어하고 힘들어 했지
그땐 그것이
행복인 줄도 모르고 살았지
그리고 이제서야
당신이 떠나시고 난 이제서야
그게 행복이었다는 걸 깨달았지
당신이 날 위해
모든 걸 희생하며 살아왔음을
난 전혀 몰랐었네
이렇게 당신을 보내고 나서야 알게 되었지
하기에
이제서야 울며 몸부림친들
무슨 소용이 있을까
이 어리석은 인간이
당신을 좋아한다면서도
당신의 희생은 전혀 생각지도 못했지
여보 미안해 정말 미안해
역시 나는 바보였나 봐

님의 모습

땅거미가 지고
어두움이 깔리면
검푸른 나무 위에도
지붕 위에도
아니 저 하늘 끝자락에도
보이는 것은
온통 해맑은 님의 얼굴
생글거리며 내게 다가오는
내 님의 얼굴이 묻는다

"오늘 하루는 어땠어?"

노을 진 하늘에
어두움이 내리면
하이얀 구름 위에도
검은 구름 위에도
아니 저 너머 산 너머에도
보이는 것은 장난기 어린 님의 모습
살포시 다가오는 내 님의 모습

물갈이

하나 둘
그렇게들 떠나고 있다
친구도 형제자매도
사랑하던 이웃들도
그렇게 하나 둘
머언 길을
아스라이 머언 길을
소리 소문 없이 떠나가고 있다
물갈이다
그렇게 물갈이가 시작되고 있다
그 물갈이에 휩쓸려
내 님도 떠나가셨다
36년 긴 세월
살을 맞대고 살아온
내 님도 그렇게 떠나셨다
내게 날개를 달아주며
알뜰살뜰 챙겨주시던
사랑하던
내 님도 함께 말이다

하기에
나는 날개를 잃었다
나는 날개 잃은 새가 되어
오늘도 구슬피 운다
님을 찾으며
사랑하던 내 님을 그리워하면서
영원히 잊을 수 없는
내 님을 그리워하면서

실과 바늘

실과 바늘처럼
항상 함께해 왔던 당신
길 건너 슈퍼에 가도
약수터까지 운동을 가도
우리는 늘 함께하였는데
봄이면 냉이와 소리쟁이를 찾아
산과 들을 누볐고
게와 낙지를 잡으러 갯벌을 누볐다
목욕을 가면 하다못해 목욕 바구니를 들고
목욕탕까지 바래다주었으며
장날 초지시장엘 가도
우리는 늘 함께하였다
조금만 무거워도 힘에 겨워하는
님을 위해
님이 가시는 곳이면 어디든지
나는 쫓아다녔건만
이제는 아스라이 먼 곳으로 떠나신
님을 쫓아가지 못하는 아쉬움에
나는 울고 있다오

님이 보고 싶고 님이 안쓰러워서
쫓아가서 부축하고 도와주고 싶은데
그렇게 할 수 없는 나는
어떻게 해야 될까요
정녕 님이 그립고 보고 싶소
미칠 듯이 보고 싶소
이 아픈 마음을 어떻게 표현해야 될까요
님 그리워함을 무엇으로 지울 수 있을까요
실과 바늘 같던 우리 사이가
어쩌다가 이렇게 된 걸까요
무정한 사람아
야속한 사람아
무엇이 그리도 급해서
그렇게 혼자 가버리셨나요
당신 없이 나 혼자 어떡하라고

소나무도 우네요

소나무 등걸 밑에서
가신 님이 그리워 울고 있습니다
그런데 소나무도 울고 있습니다
깜짝 놀라 다시 봐도
소나무가 울고 있습니다
아마 소나무도
자신의 운명을 아는 듯
여기저기서 눈물을 흘리고 있습니다
공장이 팔려 7천 평 대지 위에 서 있던
소나무들이 30여 년 정든 대지를
떠나야 함을 아는 듯
그들이 울고 있습니다
시멘트 바닥이 흥건히 젖도록
그들이 소리 없이 울고 있습니다
하기에
내 마음 더욱 서글퍼집니다
이렇게
미물들도 서글퍼 우는데
하물며

36년 살을 맞대고 살아온
내 님을 보냈음에야 어찌
슬퍼하지 않을 수 있을까요
하기에
이렇게 오늘도 웁니다
사랑했던 내 님 그리워하면서
사랑하는 내 님이 보고 싶어서

님에게 부치는 편지

내 님은
이틀에 한 번
소독과 치료를 해야 했고
일주일에 두 번은 조혈제를 맞아야 했지요
그 님이 아스라이 먼 길을 떠나셨는데
그곳에서는 누가 내 님을 치료해 줄까요
또 조혈제는 누가 놔주고
힘들지는 않은지
언제나 내 손길을 원했던 님인데
나의 보살핌이 필요했던 님인데
그렇게 훌쩍 떠나버린
당신이 못내 야속하기만 하구려
하지만 어쩌겠소
당신 뜻대로도 할 수 없는 일인 걸
아무튼 그곳에서는 더 아프지 마시고
건강해야 하오
그리고
모든 근심 걱정일랑 훌훌 털어버리고
환하게 웃으면서 사시게

그러다 내세에 다시 태어날 때엔
아프지 말고 건강한 삶을 받으시게
복도 많이 받으시고
언제나 웃음꽃이 떠나지 않는
그런 삶을 사시게나
항상 건강하고 행복한
그런 삶을 사시게나
내세엔 말일세

잃어버린 사랑

늘 함께하던 이 길에
벌써 가을이 오려나
오늘은 제법 쌀쌀하구려
님 계신 그곳은
혹 춥지는 않으신지
님이여 내 사랑하던 님이여
늘 함께하던 이 길에
난 오늘도 홀로 외롭게
당신이 가고 싶어 떠나신 건 아니지만
이렇게 아픈 추억만 남겨놓고
떠나가신 당신 빈자리는
그 무엇으로도 채워지지 않는구려
왜 세상에 나만 홀로 서 있는지
왜 내게 이런 시련이 다가오는지
어린 시절도 홀로 외로웠는데
노후에도 외톨이가 되어버린 나
하기에
더욱더 당신이 그립고 보고 싶구려
내게는 그 무엇보다 더

당신 사랑이 필요하건만
당신은 내 곁을 떠나셔야 했구려
보고 싶은 님이여
내 사랑하던 님이여
이제 나는 어찌해야 좋을까요
님이 많이 보고 싶은데

함흥차사

지는 저녁놀
저편에는 누가 있길래
가신 님 내 님은
돌아올 줄 모르실까요
해는 서산에 걸려
땅거미가 지고 있는데
우리 님 내 님은
모습조차 안 보이네요
나뭇가지 위에서
노닐던 새들도
보금자리 찾아들었건만
그리운 내 님은
돌아올 줄 모르시네요
어찌하면 좋을까요
내 님이 보고파서
마냥 보고파서
맥없이 지는 해만
바라보고 있답니다
지는 저녁노을

저편으로 기러기 떼 날으며
우는 소리 들리건마는
그리운 내 님은
날개를 잃으셨는지
돌아올 줄 모르시네요
보고 싶은데
한없이 보고 싶은데

3부

살아 있음에

님의 버릇

밤새 비가 오시더니
오전 내내 또 오시는구려
이 비오는 날에
당신은 무엇을 하셨는지요
아픈 곳은 없으신지
궁금하고 그리웁기 한이 없구려
어저께는 수연이가 와서
당신 옷 정리를 하였지요
당신이 즐겨 입던 옷이나
눈에 익은 옷이 나올 때면
당신을 회상하며
당신 이야기를 했답니다
눈물을 글썽이면서
당신 옷 속에는 주머니마다
휴지와 돈 그리고
껌이 나온다면서 말입니다
당신의 가방마다 역시 똑같이
휴지와 돈과 껌이 나오더군요
하기에

내 사랑하던 님이
얼마나 털털했는지
새삼 다시 알게 되었답니다
더욱이 건망증은 수준급이더군요
하지만 나는
그런 당신이 더욱 좋았다오
하기에
당신이 더욱 보고 싶고
당신이 더욱 그리워
못 견디겠습니다
내 사랑하던
내 사랑하는 명수를 말입니다

님의 빈자리

뒤뜰에 무화과가
많이도 익었더군요
하기에
당신을 생각하며
몇 개 땄습니다
당신이 야금거리며
먹던 모습을 생각하며
먹어보려 했지만
당신 생각에 자꾸 목이 메이네요
내 님 주려고 수확할 때에는
그토록 좋았는데
지금은 그저 덤덤하네요
무화과는 예전보다
알도 굵고 더 탐스러워졌는데
왜 이렇게 무덤덤하기만 할까요
아마도 당신이
머얼리 떠나가셨기에
내 사랑 당신이
내 곁에 안 계시기에

모든 것이 다 시큰둥한 것 같네요
이렇게 모든 것을 다
당신과 연결하며
판단하게 될 줄이야
나도 몰랐습니다
그만큼 내 사랑 당신
빈자리가 너무나
크기 때문인 것 같습니다
나의 사랑 당신
빈자리가 말입니다
내 사랑
님의 빈자리가…

전설의 전당

올해에는 온천도 가고
해외여행도 가자고
약속하고 준비 중이었는데
내 님은
그새를 못 참고 떠나셨네요
온천보다도
해외여행보다도 더 머언 곳
아스라이 머언 곳
그곳이 어딘지
무엇 하는 곳인지는
그저 구전으로만 전해 오는 곳
아직 그 누구도
실제로 가본 적이 없는 곳이랍니다
올해에는 좀 더 건강해서
우리가 좋아하는 바깥세상을
마음껏 노닐자고
약속하고 준비 중이었는데
내 님은
그새를 못 참고 날아가버리셨네요

저 머언 수평선보다도
저 높고 푸른 창공보다도
더 까마득히 머언
그곳이 어디에 있는 곳인지
무얼 하는 곳인지는
그저 전설처럼 들려오는 곳
아직 그 누구도
실제로 가본 적이 없는 곳이랍니다
그런데 왜
확실치도 않은 그곳으로
내 님이 가셔야만 했을까요
그곳으로 가신 내 님은
지금쯤 무얼 하고 계실까요
공들여 쌓은 모든 것을
던져버리고 날아가버리신 내 님은
지금 어떻게 하고 계실까요
여보
당신이 가 계신 그곳이
정녕 전설처럼 행복이 넘쳐나며
슬픔과 아픔이 없는

건강한 곳이길 빌게요
내내 건강하고 행복해야 해요

왜 몰랐을까

고운 님 내 님
그 님이 내 곁에 계실 때는
난 몰랐네
내 님이 그토록 귀한 줄
내 님이
떠나가신 뒤에야 알았네
내 님이 그토록 귀한 줄
내 님은 날 위해 모든 것 다 바쳐
아낌없이 주었건만
나 왜 몰랐을까
내 님의 속 깊은 사랑을
내 님 살아생전
날 위해
사랑의 단비를 쏟아부었건만
난 왜 몰랐을까
내 님의 속 깊은 사랑을

무화과

여보게
벌써 무화과가
탐스럽게 익었구려
따다 주면 잘 보이는 곳에
놔두고는 생각날 때마다
하나씩 먹곤 했지요
주방에 서서 무화과 속을 발라먹는
당신 모습이 생각나서
처음엔 안 따려고 했다오
내 님이 안 계시는데
먹을 사람도 없는데
따다가 무엇 하랴
하는 생각에 말이오
괜스레 당신 생각만 더 나겠지 하고요
그래요 역시 무화과를 보는 순간
또 눈시울이 젖어 오네요
사랑하는 내 당신
그리운 당신이 생각나서요

무념

03시 잠에서 깨어
빈 공간을 응시한 채로
움직일 줄 모른다
온갖 잡다한 생각들이
주마등처럼 스치고 지나가며
나를 괴롭힌다
지난 60여 년의 희비애락과
새로 산 집으로의 입성 문제
앞으로 헤쳐 나가야 할 생활고 등이
잠을 못 이루게 하는 것 같다
언제부터인가 한밤중에
잠에서 깨어 멍하니
앉아 있는 버릇이 생겼다
하기에
이겨보려고 애를 써보지만
결국은 술의 힘을 빌린다
술에 취해 가득 취해서야
잠이 들곤 하나 보다

천사

내 님이 가실 무렵
내 님은 정녕 천사였습니다
님은 모든 손해를 감내했으며
모든 이웃을 포용하고
사랑하려 하였습니다
성경 말씀처럼
원수를 사랑하려 했구요
가진 것 모두를
아낌없이 내주려 했지요
또 온 집안이
반짝거리도록 닦고 또 닦았지요
마당엔 풀잎 하나 떨어진 것 없이
말끔히 치웠답니다
그런 그가
처음엔 이상했습니다 해서
이 양반이 왜 그러지 하고 생각했습니다
후에야 알았지만
내 님은 그렇게 서서히
이별 준비를 하셨던 겁니다

본인이 몸담고 있는
주위 정돈을 깨끗이 하셨던 거지요
정녕 내 님은
유정의 미를 거두신 것 같습니다
하지만
그것도 모르고
맥없이 좋아했던
나의 가슴은 그저 먹먹할 뿐입니다
뒷마무리까지 깨끗이 하고
떠나가신 나의 사랑하는 님
내 님은 분명히 천사였습니다

마지막 선물

내 님의 생일날
석 돈짜리 쌍가락지를
생일 선물로 맞추었다
그토록 좋아할 줄은
미처 생각도 못했다
하기에
내년에는 좀 더 크고
좋은 걸 하리라 다짐했지
더욱이 다른 때는
비싼 금이 달아 없어진다며
잘 끼고 다니지 않더니
이번에는 계속 몸에 지니고 다닌다
그러나 그것이 마지막
그것이 님에게 해준
마지막 생일 선물이 될 줄이야
하기에
손에 끼고 좋아하던 모습이
뇌리 속 깊이 각인되어
지워지질 않는다

그토록 좋아하는 걸
왜 좀 더
많이 해주질 못했을까
왜 이제 와서
때늦은 후회를 하는 걸까
내가 정말 소홀했음을
이제서야 알고 후회한들
무슨 소용이 있을까
불쌍한 놈
난 역시 부족한 놈이었어
여보게 정말 미안해
내가 너무 소홀했음을
이제야 이제서야
알게 되었네
미안해
정말

님의 일생

15년
투병생활 너무도 지겨워
꿈꾸던 전원생활 코앞에 두고
모든 꿈 다 던져버리고
쓸쓸히 떠나가신 가여운 내 님
그 님이 못내 보고파
긴 밤을 눈물로 지새웁니다

36년
결혼생활 너무도 고달파
꿈꾸던 청사진을 눈앞에 두고
못 이룬 행복을 찾아서
말없이 떠나가신 불쌍한 내 님
그 님이 못내 아쉬워
이 밤도 눈물로 지새웁니다

60년
빈곤생활 너무도 힘들어
꿈속에 그려왔던 행복한 나날

그런 꿈 다 접어버리고
조용히 떠나가신 외로운 내 님
그 님이 못내 그리워
이 밤도 눈물로 지새웁니다

나의 천사

내가 외로울 때엔
외로움을 덜어주고
내가 슬퍼할 때엔
웃음을 안겨주고
내가 불행해할 때
행복을 심어준 사람
그 사람은 내겐
분명히 천사였습니다
어지러운 세상에서
진솔함을 가르쳐주고
미움으로 뭉친 내게
사랑을 가르쳐주고
복수와 응징을 좋아할 때
화해와 용서를 가르쳐준 사람
그로 인해
이웃과 더불어 사는 법을 배웠으며
절약이라는 단어를
알게 하여준 사람
그 사람은 내겐

분명히 천사였습니다
그런 천사가
머언 하늘나라로 가셨습니다
수많은 추억과
그리움만 남겨놓은 채로…

거짓말

여보
올해 초 봄에
내가 나비를 보았다고 했지
그것도 2월에
당신이
무슨 색이냐고 묻길래
오색찬란한 나비라고 했지
그러자 당신이 말했어
흰나비가 아니라 다행이라고
올해는 좋은 일이 생길 수 있다고
그러나 그건 아니었어
거짓말이야
난 내 생애 최고의
보물을 잃어버렸거든
내 사랑
내 님을 잃어버렸어
나를 위해
나에게 사랑의 물을 주던

내 사랑하던 님을
잃어버렸거든
알뜰살뜰
나를 챙겨주시던
내 마음의 천사를
잃어버렸거든
여보
내 사랑하던 님아
나를 잊지 마시고
부디 좋은 곳에 가셔서
영생을 누리셔야 합니다

님 생각

모두들 하는 말
힘드시죠
마주치면 하는 말
많이 힘들어 보이네요

그래요
많이 힘드네요
내 님을 잃어버렸는데
어찌 안 힘들겠소

때와 장소를 가리지 않고
문득문득 떠오르는
살포시 웃는 내 님의 모습
오로지 내 님
내 사랑했던 그리운 님뿐인 걸

잊으려 애를 쓰면 쓸수록
더욱 깊이 파고드는 것은
장난기 어린 그 님의 모습뿐인 걸

어찌 힘들지 않겠소
하기에 잊으려 잊어보려고 해보지만
그럴수록 더욱 짓궂게
님 생각이 간절해지는구려
님 생각이

갚을 수 없는 님의 희생

당신이 계실 때에는
내가 행복한 줄 몰랐습니다
당신이
떠나신 뒤에야
비로소 행복했음을 알고
설움에 북받쳐 웁니다
나를 여기까지
이렇게 편안히 이끌고 오신
님의 정성을
왜 이제서야 알게 되었을까요
내 님은
못난 서방 챙기느라
모든 시름
모든 아픔
다 참아내며
잘못 고른 내 서방 챙기느라
당신 인생
삭아드는 줄
왜 모르셨을까요

불쌍한 내 님
고마운
너무도 고마운 내 님
나는 어떻게 해야
이 무거운 님의 사랑을
갚을 수 있을까요
어떻게 무엇으로 말입니다
사랑하는 내 님 여보
부디 영생하소서

푸록수 같은 내 님

아직은 서류상
이 지구에 살고 있는 사람
그 사람이
내가 사랑하던 내 님입니다
어느 날 갑자기
맥없이 꺾여버린
그 님은 가냘픈
한 떨기 푸록스였습니다
여름날 소나기가 지나고 난 뒤
더욱 청초함을 자랑하는
가냘프고 수수한 푸록스 말입니다
그녀는
사람 사귀는 것을 좋아했으며
드넓은 세상을 훨훨
날고 싶어 했지요
투병 중에도
늘 웃음을 잃지 않았으며
씩씩하기 그지없던 님인데
어느 날 갑자기

그렇게 힘없이 가실 줄은
정녕 몰랐습니다
하기에
못다 한 내 님의 삶이
너무도 안쓰러워
이 밤도 잠 못 이루고 뒤척입니다
내 님의 안녕을 빌면서 말입니다
여보
내 사랑했던 님아
건강하고 행복해야 해요

작은 둥지

프리지어를
무척이나 좋아했던
가여운 내 사람
생일날 사위가 내민 프리지어를
그토록 좋아했던 내 사랑
그 사람은 어디 가시고
작은 항아리에
이름표만 붙어 있네
살포시 웃는 사진도 함께
활달하던 내 님이
넓고 밝은 곳을
무척이나 좋아하던 내 님이
어찌 저 작은 공간에서
버텨내고 계실까
그러자니
얼마나 답답하실까
드넓은 벌판도
갯벌도 다 버리시고
저 작은 둥지에서

얼마나 답답하실까
그 속인들 또
얼마나 타들어 가실까
프리지어를
무척이나 좋아하던
활달한 그 사람인데

님아

여보게
장대비가
소리 내어 나리고 있구려
난 이 빗속에서
당신을 그리워하며
외로움에 떨고 있다오
너무도 힘없이 떠나신
님이 그리워서 말입니다
36年 기나긴 세월
준비해 온 행복을
눈앞에 두고
무엇이 그리 급해서
그토록 급하게 가셔야만 했소
틈틈이 시간 내어
앞날의 청사진을 그렸던 님아
젓가락처럼
실과 바늘처럼
늘 함께했던 님아
열심히 그려놓은 청사진을

미처 펼쳐보지도 못하고
그렇게 급히
가야만 하셨든가요
불쌍하고 가련한 님아
그곳에선
부디 행복하소서

그리움

비가 오니
땅거미도 일찍 지는군요
어둑컴컴한 하늘 저편으로
빗줄기가 소리 없이 나리면
모든 사물들은 조금씩
잠을 청하고 있건만
누구도 찾는 이 없는
삭막한 숲속으로
비둘기가 보금자리 찾아
날고 있네요
해 지면 찾아드는 보금자리엔
우리들의
진솔한 삶이 배어 있건만
나의 보금자리에는
삭막한 어두움만 찾아드네요
밝은 미소의 나의 천사
그 님이 떠나신 보금자리에는
검은 그림자만 드리우네요
알뜰살뜰 보살펴주시던

내 사랑 내 님이 떠나신 자리에는
쓸쓸한 추억과
그리움만 드리우네요
하기에
취하고 싶네요
술에 가득 취해서
마냥 울고만 싶네요
내 님 소리쳐 부르며
마냥 마냥 울고만 싶네요

어떻게

60은 청춘이라는데
왜 그리 쉽게
님을 잃어버렸을까요
비오는 이 밤도
당신이 그리워 미칠 것 같소
너무도 뜻하지 않게
너무도 쉽게
잃어버린 당신이기에
이 마음 갈가리 찢기는 것만 같소
내가 무엇을
어떻게 잘못했기에
사랑하던 당신을
잃어야만 했을까요
어떻게 해야
이 아픔을 잊을 수 있을까요
어떻게 해야
그 많은 추억을 잊을 수 있을까요
어떻게 해야
계속 퍼져가는 그리움을 잊을 수 있을까요

어떻게 해야
흐트러진 마음을 다잡을 수 있을까요
잊으려 발버둥 치면 칠수록
더욱 샘솟는 것은 그리움이요
내 사랑 못 잊어 보고픔만 더하는데
어떻게 해야만 할까요
내 사랑 고운 님
보고 싶은 마음을 무엇으로
지울 수 있을까요

보필했지요

주일날
교회 계단을 오를 때면
뒤에서 받쳐주고
밀어주고는 했지요
당신은 거동이 불편해
힘들어 하면서도
주일을 꼭꼭 지키며
주님을 좋아했지요
불편한 몸인데도
어떻게든 이겨보려고
노력하는 당신이 안쓰러워
당신 곁에서
당신을 보호하려 했지요
우리의
이런 모습을 보는 교우들은
한결같이 보기 좋다며
우리를 부러워했지요
그렇게
실과 바늘 같던 우리가

사별을 해야 했기에
너무도 안타깝고 서러워서
이 밤도 지새우며 눈물 흘리네요
당신이 보고 싶어서
정녕 보고 싶어서

혼자

저기
저 비둘기도 늘 혼자다
　까
왜 혼자만 다닐까
언제 봐도 외로이 홀로 있다
물가에서 물을 먹을 때도
들판에서 모이를 주을 때도
녀석은 늘 혼자다
전깃줄에도 나뭇가지 위에도
모두 짝지어 앉아 있는데
녀석만 늘 외롭게
혼자 다니고 있다
때로는 미동도 없이
가만히 있기도 하고
때로는 혼자 무작정 걷기도 한다
왠지 측은하고 가엾다
짝은 어디 갔을까
녀석도 나처럼 외톨이가 되었나 보다
하기에

녀석을 보면
내 님 생각이 난다
외롭게 떠나신 내 님 말이다

선장 잃은 배

님 생각에
힘든 하루해를 보낸다
하기에
이 밤 술이 고프다
하지만 웬일일까
술이 안 넘어간다
님이 내게 해주던
김치가 먹고 싶다
하기에
고기볶음도 장조림도 다 싫다
며느리가 애써서
해다 준 음식인데도
여보게
음식뿐 아니라
모든 것이 다 싫어
오로지 내게는 당신만이 필요한데
나에게는 꼭 당신이 있어야 하는데
당신은 저 멀리 가버렸네
나에게 있어 선장은

오로지 당신뿐인데
선장 잃은 내 배는 어디로 가지
그러니 어떡하면 좋을까
나는 자네 그늘에서
못 벗어나고 있는데
내겐 오로지 당신뿐인데

미운 님

나 힘들다 할 때마다
차라리 죽고 싶다 할 때마다
당신은 이렇게 말했지요
바보 같은 사람
그렇게 죽고 싶으면 죽어
죽는 놈만 불쌍한 거야
산사람은 어떻게 하든
살게 돼 있어
그러니 알아서 해
라고 싸늘하고 매몰차게 지표를 알려주던
그 님이 왜 먼저 가셨나요
나를 외로움에 건져주시고
이렇게 인간답게 살게 해주신
내 님은 왜 날 버리고 먼저 가셨나요
이제 난 어떻게 살라고
당신만 믿고 의지하며 살았는데
이제 나는 어떻게 살라고
당신이 밉습니다
날 버린 당신이…

인사

여보게
자네가 사경을 헤맬 때
자네 주위에서
당신을 보살펴주셨으며
자네가 떠나시는 날
아이들이 미처 못 한 당신의 임종을
나와 함께 지켜보며 눈물을 쏟으신
우리의 교우였으며 자매님이신
그분의 사랑에 감사하며 인사를 드렸다네
질 좋은 복숭아 한 상자와 편지를 곁들여서
인사를 드렸다네
자네가 좋아하던 복숭아를 선물로 드렸지요
자네 생각하면서
자네 행복을 빌면서
자네를 그리워하면서

사라져가는 향수

명수의 전화가 해지됐다
이렇게 하나 둘
님이 내게서 멀어지고 있다
말도 안 돼
이래서는 안 되는데
아이들이 냉철한 판단으로
하나 둘 끊어가고 있다
나는 어떡하라고
내 님의 향수를 어디서 찾으라고
해서 나는 울고 있다
술에 취한 채로
여보 나 어떻게 해
날이 가면 갈수록 더 못 잊겠어
자네가 보고 싶어
너무 보고 싶어
이 밤도 홀로 취해 보네

고들빼기

고들빼기 순을 따다
살짝 데쳐서 쌈을 싸먹고
새콤달콤 무쳐서
님과 함께 밥도 비벼먹었지
옛 생각하며 순 꺾으려다
나도 모르게 멈추고 말았네
히히 호호
웃으며 맛있게 먹어줄
내 님이 멀리 떠나셨기에
먹고 싶던 생각이 없어졌네
많이 꺾어다 삼겹살도 싸먹고
나물도 해먹고 했는데
순 따 가면 반갑게 맞아주던
내 님이 안 계시기에
고들빼기 순 꺾으려던
손 멈추고 말았네
고들빼기 순 꺾으려다
괜시리 눈시울만 뜨거워졌네

36년 긴 세월

매미가 운다
매미가 울고 있다
저 매미는 어떤 님을 찾아
울고 있을까
난 떠나가신
내 님이 그리워 우는데
그래 나는
가신 님이 그리워 울고
매미는 짝이 될 님을 찾아 우는 거다
그렇다면
나도 새로운 님을 찾아볼까나
어떤 일이 벌어질까
정말 모든 것을 잊고 웃을 수 있을까
그러나 그건 아니다
그렇게 웃느니
님 그리며 우는 것이 나을 것 같다
알콩달콩 티격태격
그렇게 쌓아온
우리의 사랑탑이

쉬이 무너져서야 되겠는가
알뜰살뜰 옥신각신
그렇게 쌓아온
우리 사랑 36년을
그렇게 쉬이 무너뜨릴 수는 없다
고운 님 내 님이
공들여 쌓아온 36년 긴 세월을
나는 고이 간직하고 싶다
가슴속 깊은 곳에
고이 간직하고 싶다

진주

내 님은
진주처럼 순수하면서도
어딘지 모를 우아함이 있고
그러면서도
결코 화려하지 않은
내 님은 그런 보석이었습니다
그런데
보석보다 더 귀한
님을 잃어버렸습니다
한번 잃어버리면
다시는
되찾을 수 없는 보석이거늘
내 어리석음이
그만 보석을 잃고 말았습니다
각별히 보살피고
잘 간직했어야 하는데
내 부족함이
그만 보석을 잃어버리고 말았습니다
내가 해준

자연산 진주목걸이와
반지를 무척이나 좋아했던
그 사람이야말로
자연산 진주였습니다
알뜰살뜰 나를 지켜주며
나를 위해 빛을 발하여 주던
그 님이야말로
자연산 진주보다 더
아름다운 보석이었습니다

우리는

개염나무다 아니다
잎이 어떻게 생겼는데
모르면 가만히 있어
중간이나 가게
하며 옥신각신 말다툼을 했는데
그 개염을 따며 님 생각한다
참!
그러고 보니
우리는 별것도 아닌 일로
말다툼을 하고는 했다
그리고는 뚱 하고 있다가도
또 다른 일로 깔깔대기도 했지
어떤 사람은 우리 보고
죽이 참 잘 맞는 부부라고 하며
몹시 부러워하기도 했지
그러고 보면
우리는 뜻이 잘 맞은 것 같다
항시
함께 붙어 다녔으며

서로를 위해 노력했다
생각해 보니
그때가 참 좋을 때였다
전에 같으면 한 움큼 따다가
님에게 갖다 주었을 텐데
이제는 무엇이든
가져다 줄 사람이 없다
하기에
이렇게 무엇이든 필요 없어지고 있다
서서히 하나씩 하나씩
필요 없어지고 있다
님이 안 계심으로

님의 사랑 · 3

내 님은
나의 수호천사
혹 잘못되기라도 할까
밤낮으로 보살피고
챙겨주며 아껴주었지
내 서방 잘되기를
늘 주님께 기원했으며
맛있는 건 두었다가
내 서방 먹이고
좋은 건 두었다가
내 서방 주고
당신은 늘
뒷전에 있었네
그런데
나 이제서야
님의 큰 사랑을
알게 되었네
님이 내 수호천사가
내 곁을 떠나신 뒤에야

님의 깊은 사랑에
눈을 뜨게 되었네
이 어리석은 사람이
이제서야
님의 속 깊은 사랑을
알게 되었네
이제서야 알게 되었네
이 어리석은 사람이

깨어진 약속

올해는 건강 지켜서
여행 다니자 약속했는데
그 약속 지켜서 온천도 가고
해외여행도 가보고 했으면
나 덜 서운할 텐데
뭐가 그리 급해서
모든 걸 다 버려야만 했을까
불쌍하고 가련한 님아
이 작은 가슴에 미련을 남기고
가시면 어떡하는가
나의 이 멍든 가슴을 어떡하라고
여보게
꽤 많은 날이 지났건만
당신을 향한 그리움은
더욱 더해 가기만 하는데
당신께 다 못한 정성과
당신께 못다 한 사랑은
어느덧 죄가 되어
내 가슴속에 겹겹이 쌓이는데

나 이 무거운 짐을 어찌하라고
당신은 소리 없이 가셨는가
고운 님 내 님
내 사랑하던 님아
나 영원히 사랑하고픈 님아

안타까움

내 사랑했던 님
파란만장한 삶을 살았던
내 사랑했던 님이
어느덧 기억 저편으로
멀어지고 있습니다
이러면 안 되는데 안 되는데
하면서도 자꾸만
멀어지고 있습니다
먹고 살기 위해서라며
직장을 포기할 수 없어서라며
갖가지 이유를 들먹이며
기억 저편으로
몰아내고 있습니다
살아생전 내 님은
가족을 위해
모든 것 다 바쳐
희생했건만
지금 우리는 애써
님을 외면하려 합니다

그것도
애써서 말입니다
아름답고 고왔던 내 님이
어느 사이 망자가 되어
외면을 받으며
기억 저편으로
멀어져가고 있습니다
그러면
안 되는데 말입니다

야속한 사람

어느 날 갑자기
내 님이 떠나셨습니다
나를 두고
아주 먼 길을 떠나셨습니다
그런데 이 사람
다시 돌아올 수 없는
먼 길을 가시면서
말 한마디 하지 못하고 가셨습니다
그 심정이야 여북하겠습니까마는
그래도 무어라 한마디
인사쯤은 있었어야 될 텐데
그만 야속한 사람이 되어버렸습니다
하기에
그저 가슴이 먹먹합니다
어떻게 해야 만이 그 사람의
아픈 마음을 녹여줄 수 있을까요
어떻게 해야 만이 그 사람을
위로할 수 있을까요

살아 있음을

살아 있음에 기쁨이 있고
살아 있음에 슬픔도 있다
살아 있음에 추억이 있고
살아 있음에 그리움도 있다
살아 있음에 소망도 있고
살아 있음에 희망을 걸고
살아 있음에 이별도 있고
살아 있음에 만남도 있고
살아 있음에 고향이 있지
하기에
살아 있음에 미련을 남기며
살아 있음에 그리움을 간직하지
하기에 우리
살아 있음을 망각하지 말고
삶이 빛날 수 있도록 닦고 또 닦아
우리 살아 있음을 감사하자
우리 살아 있음을